R. P. Dom Besse

Tradition ~ Progrès

HUYSMANS

et

la Mystique traditionnelle

Librairie R. Oudin

10, Rue de Mézières

Le Bulletin de Saint Martin (R. P. Dom Besse, Directeur)
publiera le texte ou le résumé des Conférences d'histoire religieuse
et sociale.

PRIX D'ABONNEMENT. . . . . . . **2 francs** par an

Librairie H. OUDIN, 10, rue de Mézières

R. P. Dom Besse

Tradition ~ Progrès

HUYSMANS

et

la Mystique traditionnelle

Librairie R. Oudin

10, Rue de Mézières

HUYSMANS

ET LA

MYSTIQUE TRADITIONNELLE (1)

MESDAMES, MESSIEURS,

On s'est demandé fréquemment les raisons de la sympathie de Huysmans pour les moines. Dilettentisme, ont dit quelques-uns. D'autres ont voulu y découvrir des sentiments d'ordre peu élevé. Je ne m'attarderai pas, devant un auditoire intelligent, à énumérer et encore moins à discuter des opinions bizarres, qui disparaissent, comme elles viennent, sans motif saisissable.

Il faut chercher plus haut les sentiments qui ont poussé l'auteur d'*En route* et de la *Cathédrale* vers les Enfants de Saint-Benoît.

Ne vous est-il pas arrivé dans la vie, en rencontrant pour la première fois certaines personnes, de constater immédiatement chez vous une affection et une confiance si naturelles et si simples que vous auriez pu les croire présentes dans votre cœur depuis des années? Vous avez pu éprouver les mêmes sentiments au début de vos relations avec une famille ou une société quelconque. Souvent votre sympathie a provoqué la sympathie. On eût dit alors deux âmes dont les vibrations s'harmonisaient.

Les âmes vibrent, vous ne l'ignorez pas : celles des familles comme celles des individus. Ces vibrations ont, dans les familles religieuses, une intensité particulière.

Eh bien! du jour où la Providence mit Huysmans et les moines en contact l'un avec les autres, il y eut entre leurs vibrations

(1) Conférence donnée à Paris, dans les salons de Madame la comtesse Charles de Brissac, le mardi 25 mars 1902, par Dom Besse.

d'âmes harmonie. Ils se comprirent. Cet accord spontané ne saurait vous surprendre.

Les moines sont, en effet, les chênes de l'Eglise. Ils ont pour eux la durée dans le passé et dans l'avenir. Vous les trouvez à toutes les pages de l'histoire de France, mêlés à toutes les phases de son évolution et aux grands actes de sa vie. De là, une union forte et efficace. Les moines ont mis leur empreinte dans la formation de notre tradition nationale ; cette tradition les a, de son côté, pénétrés de toutes les délicatesses de son esprit. Ce sens de la tradition ne leur enlève rien de leur actualité. Loin de là. Rien n'est aussi actuel que ce qui est de tous les temps.

L'homme d'aujourd'hui, qui loge sa vie dans un monastère et son corps sous un froc, s'installe dans le courant de la tradition. Donnez-lui toutes les aspirations jeunes, modernes que vous voudrez ; s'il porte en lui l'âme d'un moine, il s'imprégnera. Sa règle, son costume, la disposition de sa demeure, son langage, ce qu'il entend, ce qu'il dit, ce qu'il voit, ce qu'il fait, en un mot tout cet ensemble de pratiques, de sentiments et d'idées qui constituent la vie religieuse et créent autour des âmes une atmosphère vivifiante, lui infuse tous les éléments de cette tradition chrétienne et nationale séculaire. Homme d'aujourd'hui, il peut l'être et le rester ; mais il devient petit à petit, sûrement, l'homme du passé, de l'avenir. Sa vie lui fait une âme de toujours.

Et Huysmans, qui est-il ? Un médiéviste, un primitif ; il est épris du passé ; épris en artiste, épris en homme de lettre, quelquefois avec des élans enthousiastes et impétueux d'un enfant terrible.

Vous trouvez donc de part et d'autre amour de la tradition, instinct de la tradition. Pourrait-il ne pas y avoir harmonie dans les vibrations d'âme ?

Huysmans et les moines ne rendent pas la même note. Et il faut s'en féliciter. L'identité des sons fatalement énerve. L'harmonieuse variété dans l'unité repose et active l'esprit.

Cet aspect sous lequel il est bon d'envisager l'œuvre et la pensée de Huysmans ne manque pas d'originalité, vous en convenez sans peine. Il est bien l'homme d'un passé, non d'un passé mort ou mourant, mais d'un passé qui a vécu, qui vit encore et qui a devant lui un avenir long ; il est surtout l'un de ces signes indicateurs que la Providence place le long de la vie. Son geste puissant et beau semble nous dire : « Regardez le passé ; admirez la tradition ; prenez-la pour directrice. »

Mais quel point précis de l'horizon traditionnel nous indique-t-il ? Même restreinte à une seule nation, la tradition est trop vaste pour fixer l'esprit avec la netteté désirable. Il faut de toute nécessité s'y faire un lot pour le scruter à loisir ; sans quoi l'attention s'éparpille et les meilleures bonnes volontés sont fatalement condamnées à d'inutiles efforts.

C'est l'art que Huysmans adopte, me direz-vous. Mais dans l'art du passé son œil perspicace s'en va chercher tout ce qu'il y a de plus vivant et de plus élevé : la mystique. Ce mot de mystique n'a pas, sous sa plume, le sens que lui donnent habituellement les théologiens. La mystique est, à ses yeux, tout cet ensemble d'actes intérieurs et extérieurs par lesquels l'individu et la société se mettent en rapport intime avec Dieu ; c'est ce par quoi l'homme, la famille, le pays reconnaissent intérieurement et proclament d'une manière officielle les droits du Créateur et du Rédempteur sur eux et su le monde entier ; c'est la manifestation à Dieu de leurs convictions religieuses.

La mystique des individus et celle des sociétés doivent s'accorder le plus parfaitement possible ; car, si la société a une manière à elle de proclamer les droits de Dieu et de s'acquitter de ses devoirs envers lui, et si l'individu s'en fait une autre indépendante et toute personnelle, il y aura forcément dans le corps social une dislocation pénible. Vous aurez d'une part une société chrétienne, d'apparence forte et belle, et de l'autre, des individus échappant à son influence, jetés aux quatre coins de l'horizon, une poussière humaine. C'est devant Dieu, par une mystique commune, que les sociétés fortes et chrétiennes se constituent et s'affermissent. Nous ne saurions redire avec trop d'insistance cette vérité dont l'oubli se trouve à l'origine de nos révolutions.

La France n'a pas eu à se faire une mystique ; elle l'a trouvée dans son culte catholique national, et, pour me servir d'un mot qui traduit plus exactement ma pensée, dans sa liturgie. Les premiers envoyés de l'Eglise romaine, qui sont venus prêcher la foi à nos ancêtres, nous l'ont apportée. Elle s'est développée avec le christianisme. Ses formes se sont élargies et précisées. Peu à peu elle est devenue une institution vivante, féconde et belle. Notre culte national a obtenu toute sa noblesse et sa splendeur le jour où les éléments disparates avec lesquels la Providence a formé la nation française, ont pris corps.

. Vous le voyez à Reims, avec Clovis et son admirable épouse Clotilde ; vous le trouvez à la suite de Charlemagne sur les terres destinées à être la chrétienté d'Occident. Il préside avec les Capétiens à la formation nationale elle-même. Toujours il est le grand foyer de la vie chrétienne, le moyen dont Dieu se sert pour agir sur les hommes, pétrir leurs âmes et fondre leurs cœurs dans l'unité de la foi et de l'amour divin.

Le culte s'épanouit en magnifiques élans d'âmes ; il pousse vers le ciel des prières superbes, qui servent d'ailes au chrétien. Ils donnent des canaux merveilleux aux divines énergies, seules capables de christianiser les individus et les peuples. Ne l'oubliez pas, c'est Dieu, et non l'homme, qui christianise les sociétés. Il procède avec elle, comme avec les individus, par la grâce et par la doctrine. (*Applaudissements.*)

La liturgie ou le culte, j'emploie indifféremment ces expressions sœurs, s'empare de la doctrine et elle saisit la grâce, pour les mettre à notre portée. Elle en fait quelque chose de vivant, d'humain, de social. Nulle part ailleurs vous ne trouvez autant de Dieu, autant de l'homme. De là ces poussées d'âme, formulées dans une langue spéciale, vive, neuve, imagée, belle, française malgré ses sons latins, — car ce latin a été celui des Français — traduisant les pensées, la doctrine, la confiance, qui ont fait vibrer le cœur de nos ancêtres.

Les peuples, qui ont à dire quelque chose au Seigneur, ne sauraient lui parler en prose. La parole seule est impuissante à traduire ce qu'ils ont en eux. Elle éclate sous le choc des sentiments et des idées. Dieu a tout fait pour les hommes dans le passé, et il continue à faire tout ; ils espèrent de lui tout pour l'avenir. L'histoire de la nation, sa grandeur passée, ses espoirs futurs, tout cela prend, à la lumière de la foi, une allure épique. C'est un spectacle merveilleux, qui enlève, qui enthousiasme. Ce ne sont pas les seules grandeurs de la terre. L'œil du chrétien entrevoit la sublimité surnaturelle d'un peuple, qui appartient au Christ Rédempteur : alors il vibre d'admiration et d'amour. Sa langue ne parle plus ; elle chante.

Ces chants religieux, qui ont jailli du cœur des Français des temps antiques, nous les avons encore, chargés des sentiments qui furent les leurs, et surchargés de tout ce qu'ils ont provoqué de saint et de beau dans les générations suivantes. Ils portent accumulés en eux la vie intime de nos Pères pour la déverser dans le cœur des enfants qui les redisent ou les écoutent.

Ce n'est pas tout. Les Français ont donné à leur culte un cadre digne de lui et de leur foi. Quel art merveilleux ils ont su imaginer! Vous n'y trouvez pas seulement la pureté des lignes et la grâce des formes, qui caractérisent l'art antique. Ils s'emparent de la matière, roc ou métal, ils s'acharnent après elle, pour la travailler patiemment. Les difficultés qu'elle leur oppose ne les troublent pas. Le ciseau s'arrête en route et ne peut finir son œuvre. N'importe. Les vieux artistes, au cours des lentes transformations qu'ils font subir à la pierre, la pénètrent suavement de toute leur âme. On la sent encore palpiter à travers leurs œuvres primitives, qu'elle immatérialise presque. Ils ont si bien réussi que, même après des siècles, leurs églises ont un charme, qui nous arrache au vulgaire et nous lance vers l'idéal d'en haut. Peu d'hommes ne subissent pas, un jour ou l'autre, l'atteinte momentanée de cette fascination. Pareil idéal, voyez-vous, en se perpétuant dans la patrie à travers les siècles, contribue à maintenir l'unité d'idées, l'unité de sentiments, la tradition. (*Applaudissements.*)

L'église et le culte tout entier ont pour centre l'autel. C'est le foyer d'où la vie chrétienne par les cérémonies liturgiques et les manifestations variées de l'art religieux rayonne sur les hommes. L'autel, qui met Dieu en contact avec le genre humain, est aussi l'instrument dont Dieu se sert pour unir les hommes et associer les âmes. Ne vous étonnez pas de lui voir jouer un rôle considérable dans la formation des sociétés. Autour de l'autel est né et s'est développé le mouvement communal. Avant que la commune ne fût une institution sociale, assurant au peuple, sous la protection de nos rois, liberté, prospérité, grandeur, elle existait dans les cœurs par l'amour fraternel que l'autel répand autour de lui. Le culte catholique et national, dont il est l'arche sainte, avait d'abord éduqué les âmes. Les économistes n'eurent qu'à doter d'une organisation extérieure et d'une forme politique ces sentiments de fraternité chrétienne.

Nos corporations sont, elles aussi, sorties de l'autel et du culte comme de leur source. Les hommes vivant d'un même métier se sont habitués à fraterniser, en prenant part aux mêmes cérémonies et en chantant les mêmes prières. Ils étaient frères depuis longtemps par l'esprit et par le cœur avant que la corporation ne solidarisât leurs intérêts et ne les rendît frères aux yeux de la société.

Ces faits vous rappellent une vérité fondamentale, que l'on ne saurait redire avec trop d'insistance. Il faut unir les cœurs avant d'organiser les individus. Seul l'intérêt ne suffit pas à créer un lien social. Groupons les âmes et entretenons en elles la fraternité, si nous voulons une société forte et paisible. Le moyen de les unir n'est pas à trouver. Nos pères l'ont utilisé durant des siècles. Il a donc fait ses preuves. Le culte reste le grand lien social des hommes.

Mais il en a été de cette tradition nationale catholique comme de la plupart des autres. Florissante et féconde au onzième, au douzième et au treizième siècle, elle déclina au quatorzième. L'ébranlement que lui fit subir le Grand Schisme fut irréparable. L'affaiblissement de la vie dans tout l'organisme national suivit de près l'affaissement de la mystique traditionnelle et de l'intelligence du culte et de ses fonctions sacrées. Le protestantisme survint alors !

Ah ! le protestantisme ! Hérésie doctrinale d'abord ; mais hérésie antisociale, antinationale. Elle déchaîna une crise affreuse où le pays aurait pu sombrer ; nous ne saurions dire tout le mal fait par le calvinisme protestant. Comparez-le à un démolisseur génial, qui s'acharnerait contre l'une de nos antiques cathédrales pour faire de l'édifice merveilleux un monceau de ruines, un tas de décombres. (*Applaudissements.*)

C'est aux intelligences que le protestantisme s'attaqua d'abord. Elles perdirent la vraie foi. La notion si juste d'une Église, grande société visible, patrie des peuples, fut altérée. Les disciples de Calvin se mirent à contester ses plus nobles caractères. Elle finit par devenir à leurs yeux un être moral, privé d'action réelle. Les individus échappèrent forcément à son influence ; ils perdirent toute cohésion. Au culte social, à ses formules si pleines, à ses chants et à ses rites si beaux, à ses réunions si vivantes, ils substituèrent la prière privée et des assemblées religieuse sans rites traditionnels. Vous chercheriez vainement chez eux les

vestiges de la mystique dont le moyen âge avait longtemps vécu.
Les catholiques, restés fidèles aux enseignements doctrinaux de
l'Eglise, n'échappèrent pas toujours aux influences dissolvantes du
protestantisme. Ils comprirent moins le rôle que doit jouer, au milieu d'une société catholique, le culte chrétien avec ses solennités
et ses prières. Ils cédèrent trop souvent aux inspirations de l'individualisme dans la piété. Les exercices de la dévotion privée leur
semblèrent supérieurs et, en tout cas, préférables aux pompes de
la messe liturgiquement chantée et aux vêpres du dimanche. Ces
pratiques furent abandonnées au peuple simple. Les hommes et les
femmes instruits les trouvèrent surannées.

On ne se doutait pas alors du mal que causerait cet isolement
dans la piété et cette rupture injustifiable avec les formes traditionnelles du culte catholique. Les liens mystérieux, qui unissent les
citoyens fidèles, s'en affaiblirent d'autant. Ils se trouvèrent désarmés
lorsque le protestantisme déchaîna sur notre pays sa conséquence
dernière. Elle fut terrible.

Un fils spirituel de Calvin, Jean-Jacques Rousseau, s'avisa de
transporter l'individualisme théologique et mystique dans l'ordre social. La Révolution fut le résultat de ses efforts. Nos pères
ne surent comment arrêter ce fléau. La société française avait
perdu le ciment qui reliait ses pierres. Pouvaient-elles résister à
l'orage ?

Le dix-neuvième siècle a eu la joie de contempler les signes pré-
curseurs d'une renaissance. Il y eut dans des esprits nombreux et
distingués des aspirations fortes vers un avenir, se rapprochant du
passé. Cet instinct s'est précisé chez quelques écrivains éminents.
Ils ont su l'exprimer avec une conviction communicative. Quelques-
uns se sont servi d'une langue vivante et belle pour dire plus élo-
quemment la vérité. La meilleure part du pays leur a souvent fait
écho. Victor Hugo fut l'un des premiers à chanter ce passé dans
Notre-Dame de Paris. Après lui, des poètes et des orateurs se sont
mis à chanter le moyen âge et son art sublime ; des artistes ont
trouvé moyen de reprendre et de finir des monuments interrom-
pus il y a six ou sept cents ans. Ce fut le tour de Montalembert avec
sa *Sainte Elisabeth de Hongrie* et ses *Moines d'Occident*, d'Ozanam,
de Léon Gauthier et de beaucoup d'autres. L'art de cette belle
époque donna le goût de la mystique et de la prière, qui l'avaient

enfanté. On osa moins les prendre pour un ramassis de formules et de cérémonies barbares et vieillies, bonnes pour un peuple enfant et des hommes sans culture. Aujourd'hui, leurs admirateurs ne se comptent plus.

Le geste indicateur de ces grands écrivains a été compris et suivi. Huysmans le répète sous nos yeux. Avec quelle puissante originalité ne nous indique-t-il pas la route royale qui mène du présent au passé et du passé à l'avenir ! Sa personne contribue tout entière à accroître l'intérêt du geste. C'est une personne taillée pour être discutée ; tant mieux. Ses idées ne provoquent pas moins la discussion. Il faut s'en féliciter. Ah ! les hommes, qu'on ne peut discuter ! les hommes, comme tout le monde ! ils ne peuvent pas grand'chose.

Huysmans est un homme de lettres, un artiste, et quelque chose, de plus ; c'est un type, je dirai volontiers, un cas. Il pique la curiosité, et on s'intéresse à lui. Les esprits, appartenant aux milieux les plus variés, s'attachent à sa personne, sans la connaître, et à ses écrits comme à une chose extraordinaire. On en attend quelque chose. Que sera-ce ? Il est difficile de répondre. N'importe. On s'y attend et on le suit.

Il écrit une langue à part. A côté d'une distinction qui impose le respect, vous rencontrez tout d'un coup une liberté de gavroche, qui surprend, quand elle n'irrite pas. Il ne recule devant rien. La langue est un instrument entre ses mains. Il ne lui est jamais venu à l'esprit de la servir. Il s'en sert. Quand il en éprouve le besoin, il la change ou la brise. Ce lui est une satisfaction visible de la maltraiter par moment pour s'en servir plus à l'aise. Ne vous étonnez pas si les catholiques d'un certain âge ne peuvent ni le comprendre ni le supporter. Ils ne sont ni du même temps ni du même pays. Les jeunes, pas tous, mais un grand nombre, s'enthousiasment pour lui. Il ferait, à leur tête, école, s'il avait les goûts d'un chef. Mais être un chef n'entre guère dans son tempérament. Il est lui. Et c'est beaucoup.

On ne le confondra jamais avec les hommes dont je vous parlais tout à l'heure, et qui ne se discutent point. C'est une personnalité trop accentuée. Ceux qui sont un quelqu'un très fort présentent sur un ou plusieurs points un développement, une acuité extraordinaire. C'est par là qu'ils dominent leur entourage et quelquefois la postérité. Ne vous étonnez pas de trouver au pied de la montagne une vallée, auprès de la force, une faiblesse, à côté d'une qualité éminente, un défaut criard. La nature humaine nous impose cette condition. Huysmans a donc des défauts. Faites-en un inventaire aussi long que vous voudrez. Cela m'importe peu. Les défauts sont l'ombre des qualités. Chez lui, ils m'intéressent. Ah! les hommes sans défaut, les petites perfections! Voyez plutôt cette grande force avec laquelle il fait son geste à lui...

Ne lui demandez pas les idées d'ensemble. La synthèse n'est pas son fait. Il est artiste, observateur. Il voit le détail. Il le saisit avec une exactitude qui lui donne la vérité d'un document; il le conserve dans une mémoire si fidèle qu'il peut, après dix ans, le reproduire avec une exactitude de photographie. Tout vit sous sa plume. Malheur au ridicule sur lequel son regard observateur se repose ; il est cloué avec autant de malice fine que d'esprit. Ce n'est pas fait pour plaire à ceux qui sous le trait reconnaissent leur physionomie. Quelques-uns cependant ont eu le bon esprit d'en rire. Monseigneur d'Hulst est du nombre. Il était homme à comprendre l'esprit des autres, s'exerçât-il mal à propos sur lui. Il en avait tant lui-même.

Y a-t-il parmi vous, Mesdames et Messieurs, des habitants de Chartres? Je les prie de fermer un instant les oreilles. Certaines pages de *la Cathédrale* causèrent là-bas une surprise douloureuse. Le souvenir d'un cortège organisé pour faire honneur à un nouvel évêque ne s'effacera pas de si tôt. Tout y est pris sur le vif, figures, tenue, costume, même les chapeaux. Bons Chartrains, pourquoi se sont-ils faits de la peine ainsi? Ils auraient mieux fait de sourire.

Vous avez remarqué les membres vénérables du chapitre, psalmodiant, dans le chœur majestueux de *la Cathédrale* : ils s'envoyaient les versets du psaume les uns aux autres, comme des enfants jouant à la raquette. Cela y est. Et le trait ne s'oublie plus.

Et les jeunes filles de Saint-Séverin qui *tricotent* les litanies dans la tribune. C'est drôle ; mais que c'est vrai!

Huysmans gardera toujours ce côté humoristique. C'est une partie de son tempérament. Comme ses compatriotes, les peintres flamands ou hollandais, il a besoin de placer quelque part une malice. N'allez pas lui en vouloir. Il le fait sans méchanceté.

En lisant ses descriptions, vous croyez voir de vos yeux un monument, une œuvre d'art, un paysage ; assister à une cérémonie, à une scène. Si vous n'avez pas encore joui du spectacle, il vous est facile de le contempler. Il est sous vos yeux. S'il n'est pas inconnu pour vous, vous lui trouvez une fidélité photographique. J'ignore si jamais plume a possédé au même degré les qualités du crayon, du pinceau ou du burin.

Il excelle surtout, quand il promène son regard investigateur sur l'âme elle-même. Il déconcerte. On le trouve par moment théologien, disant avec une remarquable précision de langue ce qui se passe en nous. Cela ne doit pas nous étonner. Au fond, l'action de la grâce se passe dans l'âme. La foi et ses grandes vérités sont gravées par l'esprit de Dieu dans le cœur du chrétien. Nous pouvons étudier la théologie dans l'Ecriture sainte et dans les ouvrages des grands maîtres de la pensée catholique. Que trouvons-nous dans ces écrits? L'énumération de ce que Dieu opère par la foi et par la grâce dans chaque âme et dans la société chrétienne. L'âme est une Bible vivante. Pourquoi un observateur n'y découvrirait-il pas ce que la théologie enseigne par ses déductions et ses témoignages?

Huysmans n'écrit pas pour les catholiques. « Je suis sur la lisière du catholicisme, m'a-t-il dit fréquemment ; j'appelle ceux qui ne sont pas entrés. Une foule d'hommes sont retenus loin de nous par des préjugés que je connais fort bien pour les avoir partagés moi-même. » Ils viendraient peut-être à l'Eglise. Mais elle leur apparaît sous un jour qui les fait reculer. Rien ne leur répugne plus que les pratiques étroites des dévotions où l'individualisme mystique entasse trop de personnes pieuses. Ces répulsions, l'auteur d'*En route* les a senties. Avec quelle vivacité il les rend ! Les pieuses âmes, qui se sont égarées sur certaines pages, en ont rougi d'indignation. Non, non ; ne craignez pas de constater un fait regrettable. Pour peu que vous ayez pénétré certains hommes, que vous désirez gagner à la foi, vous avez remarqué ces répugnances si difficiles à surmonter. Ce qui leur coûte tant est parfois le fait, non de l'Eglise, mais d'une étroitesse d'esprit particulière à quelques-uns de ses enfants. L'auteur d'*En route* et de *la Cathédrale* leur veut montrer, non une piété raccornie et raccourcie, qui ne saurait attirer, mais le catholicisme vivant, qui vibre dans son culte ; une mystique chrétienne et française, éblouissante dans l'éclat de ses manifestations liturgiques. Cela va mieux au cœur qu'un christianisme à petites dévotions, sans la moindre portée sociale. Il a réussi auprès de plusieurs. Ce n'est pas, en édulcorant trop la religion et ses pratiques vraies, que l'on peut gagner les âmes qui comptent.

Nous avons, nous, quelque profit personnel à tirer de Huysmans. Laissez-moi, pour vous le montrer, revenir à ce que je disais tout à l'heure. Notre vieux culte national, la liturgie, a été le grand trait d'union dans notre société. Elle a joué un rôle important dans la formation de nos divers groupes sociaux. Elle conserve toute son efficacité. A nous de la mettre à profit. Il nous faut pour cela l'aimer et, avant tout, la connaître. Le premier pas à faire est de la trouver belle. Elle l'est, en effet. Le chrétien, pour peu qu'il ait l'esprit ouvert, sait y goûter des satisfactions artistiques élevées et pures. Pourquoi s'en priverait-il ?

Le beau, même en théologie, même dans les moyens pratiques d'aller à Dieu, reste la splendeur du vrai. Le catholicisme étroit, qui garde l'empreinte glaciale du rigoureux et flétrissant jansénisme et déclare la piété incompatible avec le beau, se condamne lui-même à l'impuissance. Jamais il ne rayonnera sur la société. Voulez-vous un catholicisme qui empoigne le peuple ? faites-le artistique, ruisselant de beauté, parce qu'il contient le vrai dans sa plénitude. (*Applaudissements.*)

Voulez-vous que cette action du catholicisme aboutisse à une œuvre toute française et qu'il remue le pays dans ce qu'il a de plus intime ? Eh bien, que son rayonnement se fasse dans des conditions telles qu'il puisse remuer les cendres sous lesquelles se conserve encore allumée l'étincelle de nos traditions religieuses. Vous n'aurez qu'à souffler pour raviver le feu sacré. (*Applaudissements.*)

On se plaint avec raison de l'éparpillement des forces catholiques, mille tentatives sont faites pour y remédier. Personne jusqu'ici n'a pu obtenir une action commune. Les insuccès du passé ne découragent pas les bonnes volontés. Réussira-t-on mieux à l'avenir ? Je le voudrais, mais je n'ose l'espérer. Comment faire, en effet, l'union pratique des individus tant que nous n'aurons pas fait l'union des âmes devant Dieu autour de l'autel par la participation aux cérémonies du cu'te ? (*Nombreux applaudissements.*) Comment des catholiques instruits éprouveraient-ils les effets unifiants de la liturgie, si l'éducation ne sait pas les préparer à suivre avec intelligence ses cérémonies ?

Qu'on le veuille ou non, la France, malgré le régime qui l'étouffe et les institutions révolutionnaires, qu'il lui faut subir, la France reste attachée au Catholicisme. Trop de choses lui rappellent un passé chrétien. L'apostasie de son gouvernement et d'un grand nombre de ses fils n'a pu chasser de son âme Jésus-Christ. Il y a en elle assez de la foi des vieux âges pour qu'elle puisse renouveler sa tradition catholique interrompue. Qu'elle serait heureuse et forte, au dedans comme au dehors, dans l'unité de la foi et de la charité chrétienne ! (*Applaudissements.*)

Aucun peuple ne dure sans religion, et sans une religion officielle. L'organisation sociale la plus parfaite est condamnée à un effondrement rapide, si elle ne donne pas à Dieu la place qui lui convient. Ce ne sont pas seulement les individus qui doivent proclamer les droits du Seigneur ; la société tout entière y est tenue. L'opinion publique se refuse à l'admettre. Mais que m'importe ? Ce n'est pas elle qui fait la vérité, ou qui crée le droit.

Vous aurez beau forger des types de société chrétienne, tant que vous ne vous serez pas fait une notion exacte de ce que la France doit à Dieu et du culte officiel qu'elle est tenue de lui offrir tous les jours dans la solennelle liturgie de ses églises, vous ferez une œuvre stérile ; vous vous agiterez dans le vide Voulez-vous que les individus et les familles se groupent dans cette immense association, que serait la France catholique, commencez par rendre aux âmes la mystique du vieux temps qui réunissait nos pères aux pieds de la croix et autour de l'autel, pour les faire uns d'esprit et de cœur, et les rendre frères malgré les distinctions sociales inévitables sur terre.

C'est un idéal, me direz-vous Mais quand donc l'homme a-t-il pu agir efficacement sans un idéal ? N'oubliez jamais dans cet idéal la part de Dieu, qui est la liturgie, le culte national avec ses formes traditionnelles.

Cette liturgie, Huysmans la connaît, il l'aime, il l'admire. Cherchez dans ses derniers livres cet amour et cette admiration. Empruntez-lui de son enthousiasme. Vous sentirez peu à peu se rallumer en vous les flammes les plus pures de nos traditions saintes. Ces quelques mots me conduisent à la question que tous se posent et par laquelle je voudrais terminer toutes ces conférences. Que faire ?

Que faire ? Faire la France elle-même. C'est une œuvre très simple. Il suffit, pour l'exécuter, de reprendre notre tradition. Le succès ne dépend pas de nous seuls. Dieu nous demande un effort intelligent et continu. Faisons-nous d'abord des idées, une doctrine forte et réfléchie, sous peine de gaspiller notre temps sur des points de minime importance ou de l'éparpiller sur tous les détails à la fois. Il faut bien s'occuper du détail dans l'action quotidienne, sociale ou autre.

Mais il est indispensable, dans cette action, de ne jamais perdre de vue la place exacte occupée par le détail dans l'ensemble.

Cet idéal ne peut être la vision chimérique d'un pays chrétien dans des conditions irréalisables. Il doit nous offrir l'espérance d'un pays chrétien possible, possible, parce qu'il a déjà existé dans la mesure où un idéal le peut. N'allez pas cependant rêver d'une réaction imbécile. Nous réclamons une tradition vivante, une tradition déchargée d'un apport inutile qui lui vient de chaque siècle et de chaque circonstance ; tradition qui sait s'approprier tout ce que les hommes et les événements lui fournissent de juste et de bon ; tradition toujours fidèle à elle-même, actuelle parce qu'elle est de tous les temps. Sa mystique ou la liturgie, je vous le répète avec une insistance voulue, est une des parties les plus importantes de cette tradition. Elle intéresse au plus haut point l'avenir du pays.

Cette mystique, nous l'avons encore dans les monuments de notre art religieux, dans nos fêtes chrétiennes, dans tout l'ensemble des offices liturgiques. Elle a pour elle mille souvenirs intéressants du passé et une littérature particulièrement riche. Ces vestiges précieux sont chargés des effluves séculaires de l'âme nationale. Prenez, par exemple, Notre-Dame de Paris, prenez la Sainte Chapelle, la basilique de Saint-Denis, Notre-Dame de Chartres, Notre-Dame de Reims, tels autres monuments religieux que vous voudrez. Durant des siècles, nos ancêtres y ont prié Dieu, lui disant la même foi que nous, chantant les espérances qui sont les nôtres, lui adressant des oraisons qui ne sont pas encore déplacées sur nos lèvres. Les représentants du pays, ceux qui l'ont, pour ainsi dire, incarné dans leur personne avec le plus de vérité, à toutes les grandes époques de l'histoire, sont venus là bénir le Seigneur de tout ce

qu'il a fait pour la Franee et par elle. Ils lui ont demandé de pro-
téger ses armées et sa civilisation.

Les murailles ont gardé quelque chose de ces prières et de ces
chants. Telle église où saint Louis a prié, où Jeanne la pucelle
s'est agenouillée, où Louis XIV a fait entonner de glorieux *Te
Deum*, conserve un écho de ces oraisons ; elle suinte encore la
sainteté de Louis IX, le patriotisme de Jeanne d'Arc, quelque chose
du grand Roi. Il suffit d'ouvrir les oreilles du cœur pour recueillir
les sentiments de ces pierres privilégiées.

Dans ces temples, corps merveilleux, mettez l'âme des cérémonies saintes, que nos pères ont contemplées, et des chants,
qu'ils ont entendus ; aux cérémonies, donnez leur ampleur de jadis,
et au chant, ses mélodies suaves. Faites par la participation pieuse
et éclairée à ces offices divins votre éducation religieuse et sociale
et celle de vos enfants. Vous referez ainsi en vous et chez les vôtres
la piété nationale, la mystique traditionnelle. Je ne sais comment
vous pourriez faire une contre-révolution plus utile.

Il me revient à l'esprit une parole dite quelques jours après la
mort de Dom Guéranger. Vous connaissez, Mesdames et Messieurs,
son *Année liturgique*. Le succès continuel de ce livre est l'un des
signes les plus frappants de la rénovation qui s'opère dans la piété
en France. Un libre penseur écrivit alors dans un journal dont le
nom n'est pas présent à ma mémoire, ces paroles curieuses : « Ce
livre pourrait faire à la Révolution plus de mal que les œuvres de
Voltaire ne lui ont fait de bien. » Se doutait-il de la profonde vérité
de ce langage ? Je ne le crois pas.

L'*Année liturgique*, en arrachant les chrétiens à leur isolement
pieux, les initie à la prière officielle de l'Eglise et, par le fait, les
met sous l'influence heureuse de notre vieille mystique nationale ;
elle les habitue peu à peu à l'union dans la prière publique, officielle.
Des hautes sphères de l'âme cette union finit toujours par descendre
dans la pratique de la vie.

C'est en créant au jour le jour dans l'élite de la société le sentiment de cette fraternité chrétienne, qui se forme devant l'autel par
la liturgie, que nous arriverons à refaire la grande union nationale
des âmes. Elle ne s'arrête pas aux Français de l'heure présente. Ceux
que les siècles séparent de nous restent nos frères aînés. Nous consti-
tuons avec eux une seule France, la France catholique. Membres de la

même famille, il nous faut avoir le même esprit. Pour cela, nourrissons-nous de la même prière. C'est aux têtes de la France vraie qu'il appartient de commencer ; et les têtes ne sont pas forcément au lieu où siègent les représentants du peuple. Cet esprit catholique de la famille française finira toujours par descendre sur les foules pour les christianiser. Je ne connais pas de meilleur moyen de préparer une France forte. Ce travail ne s'effectue pas à la surface ; il s'exerce dans l'intime de l'être, dans les entrailles du pays. Ce ne peut pas être l'œuvre d'un jour. Refaire l'âme d'une nation demande plus que des années. Commençons toujours ; Dieu nous mènera au terme.

Commençons, en sortant des petites chapelles et des cryptes obscures et humides où se plait la religion sentimentale des invidualisés. Etalons sous les voûtes de nos cathédrales séculaires et de nos vastes églises les manifestations traditionnelles de nos convictions et de nos espérances religieuses, envers et contre tout, devant les fidèles dont le nombre grossira forcément. La foule attire, quand elle se compose d'une élite, et lorsqu'elle se réunit dans des sanctuaires splendides pour assister à des actes pleins d'idées et de grâce. La présence de Dieu, qui croît avec l'assistance, a des attraits mystérieux et irrésistibles. L'habitude d'accomplir ensemble nos devoirs envers le Créateur, dans les formes consacrées par les siècles et dans les lieux que nos ancêtres ont pieusement fréquentés, nous donnera peu à peu conscience de notre force. Nous aurons le sentiment réfléchi de ce qu'a été la France catholique, de ce qu'elle reste en nous, de ce qu'elle peut être par nous. (*Vifs applaudissements.*)

Les hommes n'ont pas toujours la liberté de se livrer corps et âmes à ce courant, qui est celui de la victoire. La nécessité d'une action plus extérieure les absorbe souvent. Il n'en est pas de même des femmes. Si elles sont instruites et intelligentes, elles comprennent que Dieu leur assigne une mission très noble. L'avenir est entre leurs mains, puisqu'elles ont à façonner au jour le jour la cellule sociale, qui est la famille. C'est dans ce milieu qu'elles peuvent ménager librement à la mystique traditionnelle un règne incontesté. La piété des Clotilde, des Bathilde, des Blanche de Castille, des Jeanne d'Arc doit passer de leur cœur à l'âme des enfants.

C'est vous dire, Mesdames, que, pour reprendre toute cette tradition pieuse, il ne faut pas rester à la seule lecture des œuvres de Huysmans. Inutile d'ajouter qu'il n'y a pas à le lire en entier. Obéissez seulement au signe qu'il vous fait ; revenez à la liturgie, à ses rites et à ses chants. Vivez de la doctrine que cachent ses formes splendides: vous ferez ainsi une œuvre éminemment catholique et très française.

Peut-être contemplerez-vous de vos yeux les fruits de vos tranquilles efforts. S'il ne vous est pas donné de les voir, qu'importe ? Le succès, quand il s'agit de l'action sociale, demande des années ; un siècle ne suffit pas toujours. Vos cœurs ne s'effraient point des austérités d'une patience inlassable.

Cette œuvre de la formation nationale sous l'influence sacrée du culte s'est faite jadis ; on peut la refaire encore. En tout cas, si elle venait à ne point réussir, vous pourriez paraître crânement, — je vais terminer comme au sermon, pardonnez-moi cette vieille habitude, — dans la France qui se continue là-haut. Vos pères se reconnaîtraient en vous. (*Nombreux applaudissements.*)

Poitiers. — Société Française d'Imprimerie et de Librairie.